Frauke Michalski

Fensterbilder
Winter und
Weihnachten

Im FALKEN Verlag sind zahlreiche Titel zum Thema „Fensterbilder"
erschienen. Fragen Sie Ihren Buchhändler.

Von derselben Autorin sind im FALKEN Verlag bereits erschienen:
„Fensterbilder Lustige Tiere" (5210), „Fensterbilder" (5223), „Hampelmän-
ner" (5240), „Lustige Geschenk- und Schultüten" (5263)

Die Deutsche Bibliothek – CIP-Einheitsaufnahme

Fensterbilder Winter und Weihnachten / Frauke Michalski. –
Niedernhausen / Ts. : FALKEN, 1993
  (Schönes Hobby)
  ISBN 3-8068-5275-8

ISBN 3 8068 5275 8

© 1993 by Falken-Verlag GmbH, 65527 Niedernhausen/Ts.
Titelbild: Pool-Studios, Griesheim
Fotos: Achim Kalk, Kelkheim
Zeichnungen: Michalski, Flensburg
Reinzeichnung des Vorlagebogens: Ulrike Hoffmann, Bodenheim
Redaktion: Elke Thoms
Herstellung: proof GmbH, Frankfurt
Die Ratschläge in diesem Buch sind von der Autorin und vom Verlag sorg-
fältig erwogen und geprüft, dennoch kann eine Garantie nicht übernom-
men werden. Eine Haftung der Autorin bzw. des Verlags und seiner Beauf-
tragten für Personen-, Sach- und Vermögensschäden ist ausgeschlossen.
Satz: Creatype GmbH, Eschborn
Druck: Appl, Wemding

817 2635 4453 6271

INHALT

Gleich, ob Sie ein weihnachtliches oder eher ein winterliches Motiv suchen: Alle Motive in diesem Buch sind leicht zu fertigen und lassen sich deshalb auch als Geschenkmitbringsel „in letzter Minute" herstellen

DIE MATERIALIEN

Tonkarton

Wer viel mit Tonkarton bastelt, schätzt sicherlich den dünnen Karton (170-200g). Der Handel bietet ihn in einer so umfangreichen Farbpalette an, daß Sie Ihr Fensterbild (fast) ganz nach Ihren Farbvorstellungen gestalten können. Wenn wirklich einmal ganz fester Karton eingesetzt werden muß, so kann man statt dessen auch den dünnen in doppelter Lage verwenden.

andere Papiere

Das Grundmaterial für die Herstellung von Fensterbildern beschränkt sich aber mittlerweile nicht mehr nur auf Tonpapier und Tonkarton, sondern auch auf alle anderen Papierarten, wie zum Beispiel Geschenk-, Origami-, Transparent- und Plüschpapier, Lackkarton und irisierenden Karton.

Der irisierende Karton ähnelt dem Lackkarton; beide sind nur einseitig verwendbar. Plüschpapier (Vivelle) hat eine plüschartige Oberfläche, die auf einen Papierträger aufgebracht ist. Sollen Vorder- und Rückseite des Objektes beklebt werden, so gilt: 2mal das Motiv ausschneiden – aber Achtung: Die Rückseite ist immer spiegelverkehrt. Zur Stabilisierung eines solchen Motivteils empfehle ich, zusätzlich einen Kartonkern auszuschneiden, auf den das Plüschpapier geklebt wird.

Alle aufgeführten Materialien lassen sich mit der Schere und dem Bastelmesser schneiden. Bei Lackkarton, irisierendem Karton und Plüschpapier werden die Motivkonturen auf die Rückseite aufgemalt, von dort wird auch geschnitten.

Anfänger der Papiertechnik brauchen keine großen Anschaffungen zu tätigen. Die Nagelschere oder auch eine kleine Haushaltsschere reichen aus. Erst wenn das Hobby Sie ganz in seinen Bann gezogen hat, sollten sie etwas Geld in gutes Handwerkszeug investieren: eine Silhouettenschere (ca. 12 bis 20 DM), ein Bastelmesser mit wiederanschärfbarer Klinge (ca 7 bis 12 DM) und eine Unterlage aus Kunststoff oder Kautschuk (ca 15 bis 50 DM) zum besseren Schneiden mit dem Bastelmesser. Somit kostet die Grundausstattung weniger als 100 DM. Bei sachgemäßer Behandlung und Handhabung werden Sie mit diesen Werkzeugen viele Jahre basteln können.

Alle noch benötigten Hilfsmittel wie Nadel und Faden, Bleistift, Radiergummi und Klebstoff haben Sie sicherlich schon im Hause.

Hilfsmittel: Schere, Messer, Bleistift und Klebstoff

ZUR TECHNIK

F ür alle Fensterbilder gilt: beim Ausschneiden zuerst die Innenteile herausschneiden, dann erst die äußeren Begrenzungen sauber nachschneiden. Kleine filigrane Innenausschnitte lassen sich am besten mit dem Bastelmesser herausarbeiten, denn der Karton bleibt schön flach liegen.

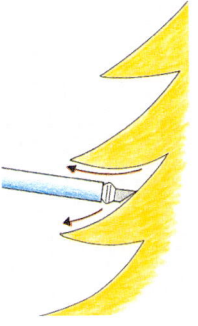

Schneiden mit dem Messer

Haben Sie sich schon einmal gefragt, wie man Ecken und Zacken spitz und gleichmäßig glatt ausschneiden kann, ohne daß sich das Material verbiegt?

Außenzacken bei Fensterbildern wie zum Beispiel der Schneekönigin sollten mit einer Schere immer von außen nach innen geschnitten werden. Niemals in der Spitze die Schere drehen, sondern jede Linie für sich schneiden. Bei Verwendung eines Bastelmessers hingegen schneiden Sie immer von der inneren Zackenspitze nach außen. Halten Sie das Messer stets gerade und fast senkrecht, dadurch vermeiden Sie unsaubere und zu lange Schnitte.

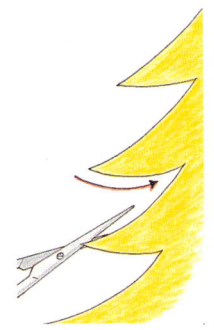

Schneiden mit der Schere

GALERIETEIL

MOND UND STERNENKINDER

Einfache Formen, die erst durch das Material besondere Wirkung erzielen: Glanzkarton in Silber für den Mond und in Gold für die Sternenkinder. Für die Herzen und die Hüte empfehle ich Goldfolie mit Sternenmuster und rosafarbenen Tonkarton für die Gesichter.

Wo Sie die Sternenkinder an oder um den Mond plazieren, bleibt Ihnen überlassen, genauso wie die Anzahl. Denken Sie daran, Glanzkarton muß immer doppelt zugeschnitten werden, da dies schöne (aber auch empfindliche) Material eine weiße Rückseite hat.

Die Sternenkinder lassen sich als Mobile oder als Strauch- und Baumbehang arbeiten. Um eine Geschenkverpackung noch interessanter zu machen, können Sie ein Sternenkind als Geschenkanhänger anbinden.

WOLKE MIT STERNEN

Mit den Sternen läßt sich ein Fenster weihnachtlich gestalten. Schneiden Sie die Grundfigur aus mehreren Kartonfarben aus. Die Sterne leuchten besonders intensiv, wenn ihre Innenflächen mit Transparentpapier ausgefüllt werden.

Motive, die nach den Schablonen für das Fensterbild auf Seite 9 gearbeitet werden, finden Sie im Buch mehrfach (siehe auch Vorlagebogen).

EISKÖNIGIN

Ein Fensterbild, um das man Sie beneiden wird. Soll der Rock mit Transparentpapier gestaltet werden, so muß die Umrißform doppelt aus dünnem Karton zugeschnitten werden, ansonsten genügt für den einfachen Zuschnitt ein Karton in der Stärke 300 g.

Ein Tip zur Doppelschnittmethode: zwei Bogen weißen Karton zusammentackern und dann mit dem Bastelmesser von innen nach außen die Form ausschneiden.

Das Transparentpapier entsprechend einpassen und nur an wenigen Punkten auf einem Kartonteil festkleben. Die zweite Umrißform mit Klebstoff versehen und drauflegen. Stab und Sternenspitze fixieren. Besonders schön sieht das Kleid aus, wenn es mit selbstklebenden Sternen verziert wird. Unter das Motiv können auch noch kleine Eiskristalle gehängt werden, so daß ein Mobile entsteht.

STERN UND STERNEN-MOBILE

Das Sternenmobile wirkt besonders gut durch die Verwendung von Glanzkarton. Zwei Grundsterne werden dabei so ineinander gesteckt, daß jeweils Vorder- und Rückseite des Glanzkartons zu sehen sind. Legen Sie die beiden ausgeschnittenen Teile vor sich hin, ein Teil mit der Glanzseite, das zweite Teil mit der weißen Rückseite nach oben (Zeichnung 1). Nun stecken Sie eine Spitze von der Mitte des anderen Sterns aus unter ein Inneneck und schieben den Stern fast ganz durch (Zeichnung 2). Wiederholen Sie dies auch auf der gegenüberliegenden Seite (Zeichnung 3). Bevor Sie die Teile zusammenkleben, richten Sie beide Sterne mittig aus (Zeichnung 4). Der große Stern des Sternenmobiles wirkt auch allein. Aber wie man sieht, läßt er sich ebenso als Transparentstern aus zwei Sternenrahmen mit gelbem und orangenem Transparentpapier arbeiten. Den Rahmen können Sie in Schwarz oder Dunkelblau basteln. Damit die Sternenrahmen genau aufeinander passen, stellen Sie sie nach der Doppelschnittmethode her. Zwei Transparentsterne aufeinander geklebt ergeben dann den Achtzackstern.

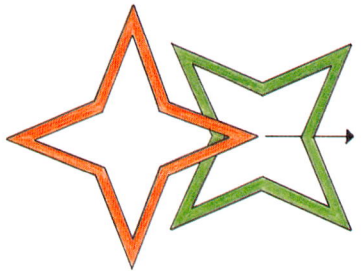

Die Sternteile bereitlegen

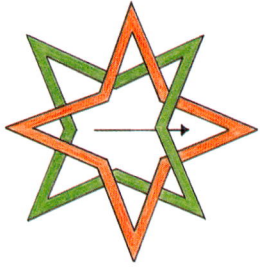

Eine Spitze unter ein Inneneck schieben

Dies auf der gegenüberliegenden Seite wiederholen

Die Sterne mittig ausrichten und mit ein paar Tropfen Klebstoff fixieren

Das Mobile kann
noch um zwei
Sterne ergänzt
werden

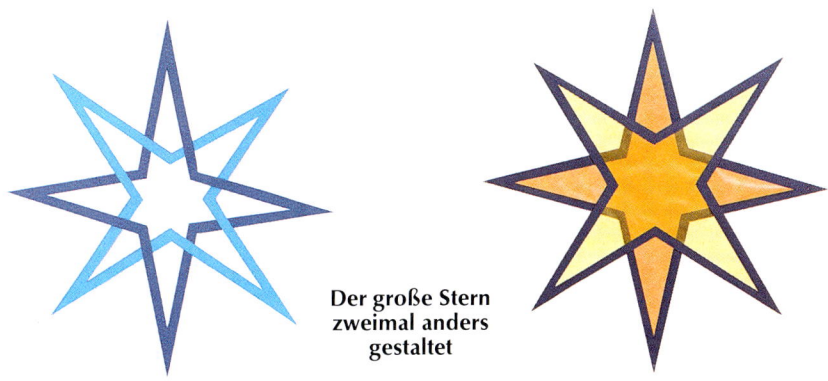

Der große Stern
zweimal anders
gestaltet

NIKOLAUS-STIEFEL

Roter Tonkarton mit weißer Plüschpapierkrempe, das kann doch nur der Stiefel vom Nikolaus sein. Ja, alle artigen Kinder bekommen am 6. Dezember etwas in den Stiefel gesteckt. Natürlich nicht nur Schokolade und Bonbons, sondern auch ein Lebkuchenherz mit Mandeln, dazu vielleicht einen Tannenzweig. Rote Herzen mit Silbersternen runden das Nikolausmotiv ab

Unser Nikolaus hat sich nach der anstrengenden Arbeit am 6. Dezember in die warme Badewanne gelegt und ist eingeschlafen. Achtung: die Reihenfolge bei der Fertigstellung des Gesichtes beachten. Zuerst das beige Gesicht auf den Wannenrand, dann die Haare und den Bart (aus Plüschpapier), die Augenbrauen, den Schnurrbart und die Nase aufkleben. Auf der Rückseite nur das Haarteil fixieren, an der roten Mütze beidseitig den Mützensaum befestigen

NIKOLAUS IM BAD

ENGELCHEN

Dieses Grundmotiv können Sie in vielen Variationen basteln. Als einfaches „Voll" – Kartonbild, als Transparentbild oder in verkleinerter Form auch als Mobile. Als vierte Variante bietet sich an, die Innenfläche des Rockes bei einem Kartonbild mit Plüschpapier oder kleinen selbstklebenden Sternen zu verzieren. Natürlich kann dieser Engel auch Vorlage für einen Engel aus Gold- oder Silberfolie sein

16

IGEL MIT KERZE

Durch das laute, geschäftige Treiben kurz vor Weihnachten sind diese beiden Igel aufgewacht und wärmen sich an der leuchtend roten Kerze. Der Lichtschein und der Tannenzweig wurden zwischen das doppelt zugeschnittene Kerzenmotiv geklebt. Der Lichtschein erhält auf beiden Seiten noch eine Flamme.

Das schwarze Stachelkleid der Igel dreifach zuschneiden und jede Lage vom Rand aus in kurzen Abständen einschneiden, dann stehen die Stachel schön ab. Die roten Nasen können aus Plüsch- oder Tonpapier gearbeitet werden. Unter den Zweig noch gelbe Sterne hängen. Die Anzahl und die Sternengröße können Sie (fast) nach Belieben variieren. Wer will, kann auch kleine Geschenke oder Lebkuchen aus Tonpapier unter das Hauptmotiv hängen.

Mit ihren roten Nasen und ihren schmunzelnden Mäulchen entzücken diese Igel so manchen Betrachter

MÄUSE AM GLOCKENSEIL

Drei Mäuse klettern am Glockenseil empor. Sie benötigen für dies Bild neben Karton noch eine rote Kordel und eine kleine goldene Glocke; der obersten Maus geben Sie ein kleines Geschenk in die Hand

Wer 24 Mäuse basteln will, kann aus diesem „Seilmotiv" einen wunderschönen Adventskalender machen und den Mäusen richtige kleine Geschenke in die Hand geben.
Viel Spaß!

19

SCHLITTEN-MAUS

Eine Maus als Überbringer der Geschenke ist sicherlich einmal etwas anderes. Dies breitlaufende Fensterbild eignet sich hervorragend als kleines Mitbringsel zum Adventskaffee. Zwischen die beiden Teile des Herzkorbes kleben Sie das Mäuschen, knicken die Hand ein wenig nach innen und befestigen an Maus und Rentier schmales Goldband oder Goldkordel als Zügel.

Gemalt werden bei diesem Fensterbild nur die Gesichter der Maus und des Rentieres sowie dessen Hufe. Als Geschenke habe ich kleine Pappstücke in Geschenkpapier eingepackt. Fleißige Bastler machen aus diesem Fensterbild vielleicht ein Mobile, indem sie noch zusätzliche Geschenke, Wölkchen und Eiskristalle unter den Kometen hängen.

RENTIERE **Die Maus als Reiter auf einem Rentier. Mit einem Tannenzweig am Stock lockt sie das Tier, noch etwas schneller zu laufen, denn Weihnachten steht vor der Tür, und die Kinder warten ja auf ihre Geschenke**

Versuchen Sie doch einmal, dieses Motiv in einer Materialvariation (zum Beispiel in Plüschpapier) zu arbeiten. Sie werden vom Ergebnis überrascht sein. Mit Plusterfarbe den Schnee auf die Tannenspitze auftragen. Wer mag, bastelt noch einige kleine Tannenzweige, Sterne oder Eiskristalle und hängt diese dann unter das Motiv

23

GESCHENK-ANHÄNGER

Hier habe ich einmal versucht, aus einfachen Grund-schablonen viele unterschiedliche Modelle heraus-zuarbeiten. Die Anhänger auf den folgenden Seiten zeigen, wie unterschiedlich ein Motiv wirken kann, wenn das Material, die Innenstruktur oder die Größe verändert wird. Die hier abgebildeten Motive sind ausschließlich aus Glanzkarton hergestellt, aber auch jeder andere Karton ist für diese Motive geeignet.

Die Innenausschnitte arbeiten Sie in diesem Fall am besten mit dem Bastelmesser heraus, damit der Karton keine „Knickfalten" bekommt. Die „schnittfeste" Unterlage nicht vergessen!

Transparente Bilder schmücken so manches weihnachtliche Fenster. Hier wurden die Grundschablonen der Anhänger vergrößert und die Innenausschnitte mit gemusterter Metallfolie oder mit Transparentpapier beklebt

ANHÄNGER-VARIATIONEN

Zum Schmücken des Weihnachtsbaumes sind diese Anhänger ideal. Durch die Verwendung von Glanzkarton sehen sie sehr edel aus, und diese Wirkung wird durch die filigranen Innenausschnitte noch unterstrichen. Sorgfältiges und sauberes Arbeiten ist hier allerdings angesagt, und wer im Umgang mit dem Bastelmesser noch nicht so geübt ist, sollte die Motive etwas größer anfertigen.

Ein weiteres, ebenso gefalztes Teil dagegenkleben. Für die Blattform benötigen Sie ein Dreieck, das Sie von der längsten Seite her in Fächerform und dann mittig zusammenfalten

Einfache Grundmotive lassen sich ohne großen Aufwand mit gefaltetem Notenpapier besonders gestalten und mit Goldschleifchen schnell und leicht verschönern

Der Sternenfalz besteht aus zwei quadratischen Papieren, die von der Spitze her wie ein Fächer gefaltet und dann in der Mitte zusammengekniffen werden

WEIHNACHTS-MANN

Auch in diesem Buch darf der Weihnachtsmann natürlich nicht fehlen. Zuerst schneiden Sie eine Grundschablone aus Tonkarton, auf der dann die Teile aus Plüschpapier beidseitig aufgeklebt werden. Nur das Gesicht, der Gürtel, die Schnalle und die Stiefel fertigen Sie aus Tonkarton

Das Gesicht wird auf den Bart geklebt, erst dann folgen Augenbrauen und Schnurrbart. Ein roter Klebepunkt ist die Nase. Die Augen aus weißem Papier mit dem Locher ausstanzen und die Pupillen einzeichnen. Sie können die Gürtelschnalle aus Goldfolie oder Glanzkarton basteln

Die Besonderheit bei diesem drolligen Gesellen, der aus Tonkarton gebastelt wird, ist das Gnomengesicht und das Päckchen

Um letzterem eine größere Fülle zu geben, kann man ein Stück Wellpappe einwickeln und es mit einer großen Schleife versehen.
Der Mantel des Wichtels ist übersät mit goldenen Klebesternen

WEIHNACHTS-
  MAUS

Die gelben Säume am Mantel verbinden Mantel und Hände sowie Mantel und Stiefel. Somit genügt es, den Mantel einfach aus dickem Tonkarton (300g) zu arbeiten. Doch zuerst den Bart an den Mauskopf kleben, dann die Ohrinnenteile, Augen, Nase und Augenbrauen. Die Mütze hinten am Kopf festkleben, und den flauschigen Saumabschluß jeweils vorn und hinten von Ohr zu Ohr fixieren.
Auf die Kehrseite der Maus nur noch den rosa Schwanz kleben, und fertig ist die Weihnachtsmaus

Sie fragen, ob ich da nicht etwas durcheinander gebracht habe? Nein, nein, den Weihnachtshasen gibt es schon. Er hat gehört, daß der Weihnachtsmann sehr viel zu tun hat und sich spontan entschlossen, tatkräftig mitzuhelfen.
Mantel, Stiefel und Mütze bestehen aus den gleichen Schablonen wie bei der Weihnachtsmaus. Nur die Hände, der Hasenkopf mit Bart und Brille und die langen Ohren weichen etwas von der Norm ab. Ebenso der aufgemalte Hasenmund mit den beiden Nagezähnen

31

OMA UND OPA DER BÄREN- FAMILIE

Opa Bärs Märchenstunde – wenn man dieses Fensterbild betrachtet, hört man beinahe, wie Opa Bär ein Märchen erzählt. Man braucht nur ganz einfache Motivteile, die zusammengeklebt ein nettes Bild ergeben. Der rote Herzsessel dient als Klebegrundlage, auf der alles andere nacheinander fixiert wird. Oma hat zwischenzeitlich für die Weihnachtsbäckerei eingekauft. Das Kleid und der Kragen aus Tortenpapier unterstreichen das „nostalgische" Aussehen der alten Dame

Oma und Opa sitzen gemütlich auf dem Sofa und genießen die Advents- und Weihnachtszeit. Für dieses Bild wurden wieder einige Schablonenteile von den beiden Motiven auf Seite 32 verwendet. Nur das Sofa, die Arme und Omas Rockteil müssen ergänzt werden. Auch hier besteht wieder die Möglichkeit, der Phantasie freien Lauf zu lassen und für die Bekleidung Papierarten Ihrer Vorstellung zu wählen

DIE WEIHNACHTS-EISENBAHN

Wir fahren bei jedem Wetter. Dieser alte Werbespruch ist wohl auch bis ans Ohr des Weihnachtsmannes vorgedrungen, und deshalb ist er vom Rentierschlitten auf den Zug umgestiegen. Allerdings muß er den Kessel reichlich heizen, so daß man nur noch die Mütze des Weihnachtsmannes sieht.

Der Zug schwebt auf einer Kette aus hell- und mittelblauen Wolken, wobei die dunkleren wegen der besseren Stabilität doppelt geklebt werden sollten. Die Lok und die Waggons sind aus Sternenmetallpapier (mit Kartonkern). Die großen Geschenke kann man aus dünnem Karton, Origami- und Geschenkpapier basteln. Jetzt noch kleine Schleifen aus Kräuselband fertigen oder Metallpapier entsprechend zuschneiden.

Natürlich hat der Weihnachtsmann auch die Tanne nicht vergessen – sie gehört zum Fest einfach dazu.

GLÜCKS-BRINGER

Alle guten Wünsche sollen in Erfüllung gehen. Deshalb besteht dieses Bild nur aus Glücksbringern: Kleeblatt, Hufeisen und Schweinchen. Der schwarze Zylinder symbolisiert den Schornsteinfeger. Wenn Sie dem Schweinchen das eine Ohr etwas nach hinten knicken und das andere nach vorn, unterstreicht dies die Fröhlichkeit, die von diesem Bild ausgeht. Zur Einstimmung auf ein „gutes neues Jahr" oder als Mitbringsel zur Silvesterparty kann ich dieses Motiv nur empfehlen

Was zaubern wir aus dem Zylinder? „Viel Schwein" und „reichlich Glück". Die Jahreszahl aus Goldfolie ausschneiden und aufkleben – so läßt sich dieses Bild jedes Jahr schnell aktualisieren. Vielleicht wechseln Sie aber auch einmal die Zylinderfarbe. Und bitte immer daran denken, den Zylinder doppelt zu arbeiten, um das Schweinchen dazwischen kleben zu können

ZUM JAHRES-WECHSEL

MIT GLÜCK INS NEUE JAHR

Kleeblatt, Pilz und Pfennig, die drei Glückssymbole, sind hier als Fensterbild oder Geschenkanhänger zusammengefügt worden. Den besonderen Reiz erhält dieses Motiv durch die Verwendung der verschiedenen Materialien. Probieren auch Sie, welche Farb- oder Materialkombination Ihnen persönlich am besten gefällt

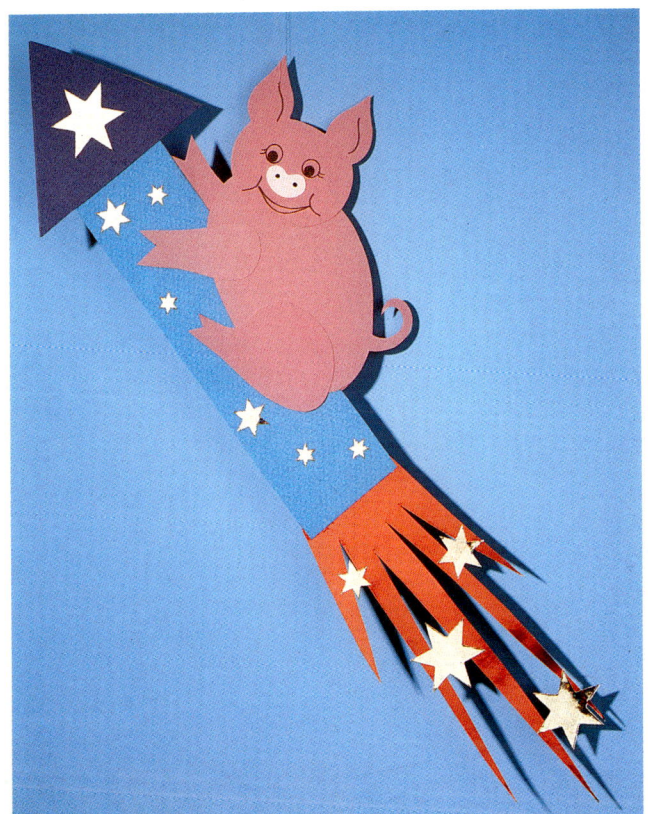

Mit Karacho ins neue Jahr. Für den Kopf und die Beine des „Weltraumschweinchens" nehmen Sie die Schablonen vom Schwein auf Seite 36. Nur der Körper muß ergänzt werden. Raketenspitze und Feuerschweif doppelt ausschneiden und den Schweinekörper beidseitig an den Raketenrumpf kleben, dann erst Beine und Kopf. Zum Schluß noch die Rakete mit Goldsternchen verzieren

EIN PINGUIN GEHT ZUM BALL

Wer Eisbären bastelt, will bestimmt auch einen Pinguin herstellen, obwohl diese Tiere weit voneinander entfernt leben. Eisbären leben am Nordpol und Pinguine am Südpol, nur im Zoo sieht man sie zusammen. Dieser Pinguin hat sich mit einer Fliege aus Schleifenband besonders schön gemacht, da er auf einen Ball gehen will. An den weißen Körper beidseitig die schwarzen Kopf – und Rückenteile aufkleben, ebenso Füße und Schnabel. Das Bild wirkt lebendiger, wenn die Füße leicht versetzt angeklebt und die Flügel etwas vom Körper weggeknickt werden. Noch weiße Klebepunkte als Augen verwenden, Nasenloch und Pupille aufmalen. Beim Schnabel den Mundwinkel leicht nach oben schneiden, dadurch lächelt der stolze Pinguin ein wenig.

H ier sitzen zwei Eisbären am Lagerfeuer und prosten
sich mit heißem Tee zu. Sie wärmen sich so von
außen und von innen.

Der Eisberg ist in diesem Falle aus Plüschpapier mit einem
festen Kartonkern. Die Bärengrundform jeweils einmal
zuschneiden, Arme und Beine für jeden Bären doppelt
schneiden. Auch die Hinterbeine von beiden Seiten aufkleben, so daß der Eisberg und die Bären fest miteinander
verbunden sind. Den Krug zwischen die leicht versetzten
Armteile kleben. Die Teekanne nicht vergessen. Zum
Schluß noch die Ohren, Augen, Nase und Mundwinkel
aufmalen. Für das Lagerfeuer die rote Flamme einmal ausschneiden, die kleineren Flammen doppelseitig aufkleben, ebenso die Holzscheite.

EISBÄREN AM LAGERFEUER

ALLER ANFANG IST SCHWER

Wer schon einmal auf Schlittschuhen gestanden hat, wird dies bestätigen. So fiel ein Bär auf den Bauch, der andere auf den Po. Die Grundform für die beiden Figuren ist identisch, nur muß beim Kleben auf die Richtung der Gesichter und der Schlittschuhe geachtet werden. Als Eisfläche können Sie unterschiedliche Materialien verwenden, so zum Beispiel blaues Metallikgeschenkpapier, perlmuttfarbenen Glanzkarton oder irisierenden Karton. Durch einen Kartonkern erhält das Motiv seine Stabilität

DER WINTERBAUM

Ein Baum ohne
Blätter sieht doch
wirklich traurig
aus. Dies sagten
sich auch ein paar
Eiskristalle und
beschlossen, den
„traurigen Baum"
zu verschönern.
Sie trafen sich in
den Ästen, um mit
dem Baum über
den anhaltenden
Winter zu plau-
dern. Nun sind
beide Parteien
zufrieden und
glücklich

SCHNEE-FLÖCKCHEN, WEISS-RÖCKCHEN

Ein Mobile, diesmal aus Karton und Plüschpapier, das noch durch einen Schneemann und Sterne erweitert werden kann. Wolke und Schneeflocke sind aus Karton, wobei die Schneeflocke aus silbernem Lackkarton und die Wölkchen aus hellblauem Plüschpapier gefertigt wurden. Bei Luftzug drehen sich Flocken und Wolke zu neuen Bildern

Was wäre ein Winter ohne den Schneemann? Dieser Schneemann schmilzt aber nicht mit den ersten Sonnenstrahlen, sondern kann eine ganze Weile im Fenster hängen. Besonders lustig sieht der weiße Mann durch den umgelegten Schal aus Filz aus. So friert er sicherlich nicht

SCHNEEMANN

BLUMEN-WIESE UND SCHNEEMANN-MOBILE

Mit diesen in großer Anzahl gebastelten einfachen Motiven zaubern Sie Frühlingsstimmung in Ihr Wohnzimmer. Meist reichen zwei bis drei Schneeglöckchen für ein Fenster aus, Krokusse in verschiedenen Farben können hingegen nie genug gebastelt werden. Der Schneemann mit Hut sieht aus, als wolle er die ganze Welt umarmen. Als Mobile sollte dies Motiv unbedingt beidseitig gebastelt werden. Dies gilt auch für die kleinen Frühlingsblumen, die den Schneemann umgeben

In der Reihe SCHÖNES HOBBY
sind ebenfalls erschienen:

Jeder Band ist durchgehend vierfarbig und
enthält zahlreiche Fotos und Zeichnungen
sowie einen Vorlagebogen.